スーパースタンプノートのひみつ1
駅のスタンプを100個集めよう!

ページの中央にスタンプを押そう PON!

インクをしっかりつけて全体に力をかけるのがコツ!
スタンプがかすれたり、はみ出したりしても問題なし。それが自分だけの"味"になるよ。

駅をスケッチしたり写真やきっぷを貼ってもOK
スタンプがない駅で、ノートを使うのも◎!
…ぷも、改札口で駅員…「効印」を押してもらう…れるよ。

スタンプ台が見つからない時は?
駅員さんに場所をたずねよう。改札口の外に置いてあることが多いんだ。スタンプがない駅もあるけど、いくつもある駅もあるよ。

全国の駅にデザインの違うさまざまなスタンプがあるんだ

スーパースタンプノートのひみつ❷
駅のデータを書

日付
駅を訪れた日付を書こう

LIKE!
その駅のお気に入り度に応じて
☆のマークを塗りつぶそう

 ★★★☆☆

駅名
駅の名前を書こう
☑ **新幹線の駅**
その駅が新幹線の駅なら、ここにチェック！

鉄道会社名
スタンプを押した駅の鉄道会社の名前を書こう

たとえば……
JR北海道、JR東日本、JR東海、JR西日本、
JR四国、JR九州のほか、私鉄や地下鉄、第三
セクターの会社名など

色を塗ったりイラストを描きこんだりしても楽しいよ

月 29日(水)
★★★☆

スタンプのあった場所

スタンプ台のあった場所をメモしよう

CHECK POINT!

自分で考えたおすすめのポイントや気が付いたことを書こう

たとえば……

駅そば屋さんに**納豆そば**があった!

○番線から**新幹線**が見えるよ☆

駅員さんがやさしかった♥

駅の近くに江戸時代の**お城**があります♪

☑ 新幹線の駅

スタンプのあった場所: 丸の内南口改札でて左

大集合!

めざせ! 100駅達成

スタート！ 1

年　月　日（　）

LIKE! ☆☆☆☆☆

駅名		□ 新幹線の駅

鉄道会社名		スタンプの あった場所	

CHECK POINT!

年　月　日（　）

LIKE! ☆☆☆☆☆

2

駅名		□新幹線の駅

鉄道会社名		スタンプのあった場所	

CHECK POINT!

3

LIKE! ☆ ☆ ☆ ☆ ☆

年　月　日（　）

駅名		□ 新幹線の駅

鉄道会社名		スタンプの あった場所	

CHECK POINT!

年 月 日( )

LIKE! ☆☆☆☆☆

駅名		□ 新幹線の駅

鉄道会社名		スタンプの あった場所	

CHECK POINT!

年　月　日（　）

LIKE! ☆☆☆☆☆

| 駅名 | | □ 新幹線の駅 |

| 鉄道会社名 | スタンプのあった場所 |

CHECK POINT!

年　月　日（　）

LIKE! ☆☆☆☆☆

6

駅名		□ 新幹線の駅
鉄道会社名	スタンプのあった場所	

CHECK POINT!

年　　月　　日（　）

LIKE! ☆☆☆☆☆

駅名		□ 新幹線の駅

鉄道会社名		スタンプのあった場所	

CHECK POINT!

年　月　日（　）

LIKE! ☆☆☆☆☆

| 駅名 | | □ 新幹線の駅 |

| 鉄道会社名 | | スタンプのあった場所 | |

CHECK POINT!

9

LIKE! ☆☆☆☆☆

年 月 日( )

| 駅名 | | ☐ 新幹線の駅 |

| 鉄道会社名 | | スタンプのあった場所 | |

CHECK POINT!

年 月 日( )

LIKE! ☆☆☆☆☆

駅名		□ 新幹線の駅

鉄道会社名	スタンプのあった場所

CHECK POINT!

年　月　日（　）

LIKE! ☆☆☆☆☆

| 駅名 | | □ 新幹線の駅 |

| 鉄道会社名 | スタンプのあった場所 |

CHECK POINT!

年　月　日（　）

LIKE! ☆☆☆☆☆

12

駅名		□ 新幹線の駅

鉄道会社名	スタンプのあった場所

CHECK POINT!

年　月　日（　）

LIKE! ☆☆☆☆☆

駅名		□ 新幹線の駅

鉄道会社名		スタンプの あった場所	

CHECK POINT!

年　月　日（　）

LIKE! ☆☆☆☆☆

駅名		□ 新幹線の駅

鉄道会社名	スタンプのあった場所

CHECK POINT!

年　月　日（　）

駅名		□ 新幹線の駅

鉄道会社名	スタンプのあった場所

CHECK POINT!

年　月　日（　）

LIKE! ☆☆☆☆☆

16

駅名		□ 新幹線の駅

鉄道会社名	スタンプのあった場所

CHECK POINT!

駅名		□ 新幹線の駅

鉄道会社名	スタンプのあった場所

CHECK POINT!

年 月 日( )
LIKE! ☆☆☆☆☆

駅名		□新幹線の駅

鉄道会社名		スタンプのあった場所	

CHECK POINT!

年　月　日（　）

LIKE! ☆☆☆☆☆

駅名		□ 新幹線の駅

鉄道会社名	スタンプのあった場所

CHECK POINT!

年 月 日( )
LIKE! ☆☆☆☆☆

| 駅 名 | | □ 新幹線の駅 |

| 鉄道会社名 | | スタンプのあった場所 | |

CHECK POINT!

年　月　日（　）

LIKE! ☆☆☆☆☆

駅名		□新幹線の駅

鉄道会社名	スタンプのあった場所

CHECK POINT!

年 月 日( )

LIKE! ☆☆☆☆☆

22

駅名	□ 新幹線の駅

鉄道会社名		スタンプのあった場所

CHECK POINT!

23

年　月　日（　）

LIKE! ☆ ☆ ☆ ☆ ☆

駅名		□ 新幹線の駅

鉄道会社名	スタンプの あった場所

CHECK POINT!

年 月 日 ( )

LIKE! ☆☆☆☆☆

| 駅名 | | □ 新幹線の駅 |

| 鉄道会社名 | スタンプのあった場所 |

CHECK POINT!

年　月　日（　）

LIKE! ☆☆☆☆☆

| 駅名 | □ 新幹線の駅 |

| 鉄道会社名 | | スタンプのあった場所 | |

CHECK POINT!

年 月 日( )

LIKE! ☆☆☆☆☆

26

駅名		□ 新幹線の駅

鉄道会社名	スタンプのあった場所

CHECK POINT!

年　月　日（　）

LIKE! ☆☆☆☆☆

駅名		□ 新幹線の駅

鉄道会社名	スタンプの あった場所

CHECK POINT!

年 月 日( )
LIKE! ☆☆☆☆☆

駅名		□新幹線の駅

鉄道会社名	スタンプのあった場所

CHECK POINT!

年　　　月　　　日（　）

LIKE! ☆ ☆ ☆ ☆ ☆

駅名　　　　　　　　　　　　　　　　□ 新幹線の駅

鉄道会社名

スタンプの あった場所

CHECK POINT!

年 月 日( )

LIKE! ☆☆☆☆☆

駅名 ☐ 新幹線の駅

鉄道会社名

スタンプのあった場所

CHECK POINT!

年　月　日（　）

LIKE! ☆☆☆☆☆

駅名		□新幹線の駅

鉄道会社名		スタンプのあった場所	

CHECK POINT!

年 月 日 ( )

LIKE! ☆ ☆ ☆ ☆ ☆

32

駅名		□ 新幹線の駅
鉄道会社名	スタンプの あった場所	

CHECK POINT!

33

LIKE! ☆☆☆☆☆

年 月 日 ( )

駅名		□ 新幹線の駅
鉄道会社名	スタンプのあった場所	

CHECK POINT!

年 月 日 ( )

LIKE! ☆☆☆☆☆

34

| 駅名 | □ 新幹線の駅 |

鉄道会社名

スタンプのあった場所

CHECK POINT!

35

年　月　日（　）

LIKE! ☆☆☆☆☆

| 駅名 | | □ 新幹線の駅 |

| 鉄道会社名 | | スタンプの あった場所 | |

CHECK POINT!

年 月 日( )

LIKE! ☆☆☆☆☆

36

駅名		□新幹線の駅

鉄道会社名	スタンプのあった場所

CHECK POINT!

37

LIKE! ☆☆☆☆☆

年　月　日（　）

駅名		□新幹線の駅

鉄道会社名	スタンプのあった場所

CHECK POINT!

年 月 日( )

LIKE! ☆☆☆☆☆

38

駅名		□新幹線の駅

鉄道会社名	スタンプの あった場所

CHECK POINT!

年 月 日( )

LIKE! ☆☆☆☆☆

40

駅名		□ 新幹線の駅

鉄道会社名	スタンプの あった場所

CHECK POINT!

年　月　日（　）

LIKE! ☆ ☆ ☆ ☆ ☆

駅名　　　　　　　　　　　　　　　　　　　　□ 新幹線の駅

鉄道会社名

スタンプのあった場所

CHECK POINT!

年　月　日（　）

LIKE! ☆ ☆ ☆ ☆ ☆

42

駅名		□ 新幹線の駅

鉄道会社名		スタンプのあった場所	

CHECK POINT!

年　月　日（　）

LIKE! ☆☆☆☆☆

駅名		□ 新幹線の駅
鉄道会社名	スタンプのあった場所	

CHECK POINT!

45

LIKE! ☆☆☆☆☆

年　月　日（　）

駅名	□ 新幹線の駅

鉄道会社名	スタンプのあった場所

CHECK POINT!

46

年　月　日（　）

LIKE! ☆☆☆☆☆

駅　名	□ 新幹線の駅

鉄道会社名	**スタンプの あった場所**

CHECK POINT!

47

LIKE! ☆☆☆☆☆

年　月　日（　）

駅名		□ 新幹線の駅

鉄道会社名		スタンプのあった場所	

CHECK POINT!

年 月 日 （ ）

LIKE! ☆ ☆ ☆ ☆ ☆

48

駅名		□ 新幹線の駅
鉄道会社名	スタンプの あった場所	

CHECK POINT!

49

年 月 日( )

LIKE! ☆☆☆☆☆

駅名		□ 新幹線の駅

鉄道会社名	スタンプのあった場所

CHECK POINT!

年　月　日（　）

LIKE! ☆ ☆ ☆ ☆ ☆

| 駅　名 | | □ 新幹線の駅 |

| 鉄道会社名 | | スタンプの
あった場所 | |

CHECK POINT!

51

LIKE! ☆ ☆ ☆ ☆ ☆

年　月　日（　）

駅名		□新幹線の駅

鉄道会社名	スタンプのあった場所

CHECK POINT!

年　月　日（　）

LIKE! ☆☆☆☆☆

駅名 ☐ 新幹線の駅

鉄道会社名

スタンプのあった場所

CHECK POINT!

年　月　日（　）

LIKE! ☆☆☆☆☆

駅名	□新幹線の駅

鉄道会社名	スタンプのあった場所

CHECK POINT!

年　月　日（　）
LIKE! ☆ ☆ ☆ ☆ ☆
54

駅名		□ 新幹線の駅
鉄道会社名	スタンプのあった場所	

CHECK POINT!

年　月　日（　）

LIKE! ☆☆☆☆☆

駅名　　　　　　　　　　　　　　　　　　　　　　　□新幹線の駅

鉄道会社名

スタンプの あった場所

CHECK POINT!

年　月　日（　）

LIKE! ☆☆☆☆☆

駅名		□ 新幹線の駅

鉄道会社名	スタンプのあった場所

CHECK POINT!

年　月　日（　）

LIKE! ☆☆☆☆☆

58

駅名		□ 新幹線の駅

鉄道会社名		スタンプの あった場所	

CHECK POINT!

59

LIKE! ☆☆☆☆☆

年　月　日（　）

| 駅名 | □ 新幹線の駅 |

| 鉄道会社名 | | スタンプのあった場所 | |

CHECK POINT!

年　月　日（　）

LIKE! ☆☆☆☆☆

60

| 駅名 | | □ 新幹線の駅 |

| 鉄道会社名 | | スタンプのあった場所 | |

CHECK POINT!

年 月 日（ ）

LIKE! ☆☆☆☆☆

| 駅名 | □ 新幹線の駅 |

| 鉄道会社名 | スタンプのあった場所 |

CHECK POINT!

年　月　日（　）

LIKE! ☆☆☆☆☆

62

駅名		□ 新幹線の駅

鉄道会社名		スタンプのあった場所	

CHECK POINT!

年　月　日（　）

LIKE! ☆☆☆☆☆

駅名		□新幹線の駅

鉄道会社名		スタンプのあった場所	

CHECK POINT!

年　月　日（　）

LIKE! ☆☆☆☆☆

64

| 駅名 | | □ 新幹線の駅 |

| 鉄道会社名 | | スタンプのあった場所 | |

CHECK POINT!

年 月 日 ( )

LIKE! ☆ ☆ ☆ ☆ ☆

| 駅名 | | □ 新幹線の駅 |

| 鉄道会社名 | | スタンプのあった場所 | |

CHECK POINT!

年　月　日（　）
LIKE! ☆☆☆☆☆
66

駅名　　　　　　　　　　　　　　　　　　　□新幹線の駅
鉄道会社名　　　　スタンプのあった場所
CHECK POINT!

年　月　日（　）

LIKE! ☆☆☆☆☆

駅名		□ 新幹線の駅

鉄道会社名	スタンプのあった場所

CHECK POINT!

年　月　日（　）

LIKE! ☆☆☆☆☆

68

| 駅名 | □ 新幹線の駅 |

| 鉄道会社名 | スタンプのあった場所 |

CHECK POINT!

69

年　月　日（　）

LIKE! ☆☆☆☆☆

| 駅　名 | □ 新幹線の駅 |

| 鉄道会社名 | スタンプのあった場所 |

CHECK POINT!

年 月 日( )

LIKE! ☆☆☆☆☆

70

駅名		□ 新幹線の駅

鉄道会社名	スタンプの あった場所

CHECK POINT!

71

年　月　日（　）

LIKE! ☆☆☆☆☆

駅　名		☐ 新幹線の駅

鉄道会社名		スタンプの あった場所	

CHECK POINT!

年 月 日( )

LIKE! ☆☆☆☆☆

72

駅名		□新幹線の駅
鉄道会社名	スタンプのあった場所	

CHECK POINT!

73

LIKE! ☆ ☆ ☆ ☆ ☆

年　月　日（　）

駅名		□ 新幹線の駅

鉄道会社名		スタンプのあった場所	

CHECK POINT!

年 月 日( )

LIKE! ☆☆☆☆☆

74

駅名　　　　　　　　　　　　　　　　　　　　　□新幹線の駅

鉄道会社名

スタンプのあった場所

CHECK POINT!

年 月 日( )

駅名 □新幹線の駅

鉄道会社名

スタンプのあった場所

CHECK POINT!

76

年　月　日（　）

LIKE! ☆☆☆☆☆

| 駅名 | □新幹線の駅 |

| 鉄道会社名 | スタンプのあった場所 |

CHECK POINT!

年　月　日（　）

駅名		□ 新幹線の駅
鉄道会社名	スタンプのあった場所	
CHECK POINT!		

年 月 日( )

LIKE! ☆☆☆☆☆

78

| 駅名 | | □ 新幹線の駅 |

| 鉄道会社名 | | スタンプの あった場所 | |

CHECK POINT!

年　月　日（　）

駅名		□ 新幹線の駅

鉄道会社名		スタンプのあった場所	

CHECK POINT!

年 月 日( )

LIKE! ☆☆☆☆☆

80

駅名		□ 新幹線の駅

鉄道会社名	スタンプのあった場所

CHECK POINT!

年　月　日（　）

LIKE! ☆☆☆☆☆

| 駅名 | | □新幹線の駅 |

| 鉄道会社名 | | スタンプの あった場所 | |

CHECK POINT!

年　月　日（　）

LIKE! ☆ ☆ ☆ ☆ ☆

82

| 駅名 | | □ 新幹線の駅 |

| 鉄道会社名 | | スタンプの あった場所 | |

CHECK POINT!

年　月　日（　）

LIKE! ☆☆☆☆☆

駅名		□新幹線の駅

鉄道会社名		スタンプの あった場所	

CHECK POINT!

年　月　日（　）

LIKE! ☆☆☆☆☆

駅名		□新幹線の駅

鉄道会社名	スタンプのあった場所

CHECK POINT!

85

LIKE! ☆☆☆☆☆

年　月　日（　）

| 駅名 | | □ 新幹線の駅 |

| 鉄道会社名 | | スタンプの あった場所 | |

CHECK POINT!

年　月　日（　）

LIKE! ☆☆☆☆☆

| 駅名 | | □ 新幹線の駅 |

| 鉄道会社名 | | スタンプのあった場所 | |

CHECK POINT!

87

年　月　日（　）

LIKE! ☆ ☆ ☆ ☆ ☆

駅名	□ 新幹線の駅

鉄道会社名	スタンプのあった場所

CHECK POINT!

89

年　月　日（　）

LIKE! ☆☆☆☆☆

駅名	□ 新幹線の駅

鉄道会社名	スタンプの あった場所	

CHECK POINT!

年　月　日（　）

LIKE! ☆☆☆☆☆

90

駅名		□ 新幹線の駅

鉄道会社名		スタンプの あった場所	

CHECK POINT!

年　月　日（　）

LIKE! ☆☆☆☆☆

| 駅名 | | □新幹線の駅 |

| 鉄道会社名 | | スタンプのあった場所 | |

CHECK POINT!

年 月 日 ( )

LIKE! ☆☆☆☆☆

92

駅名		□ 新幹線の駅

鉄道会社名		スタンプのあった場所	

CHECK POINT!

93

LIKE! ☆ ☆ ☆ ☆ ☆

年　月　日（　）

駅名		□ 新幹線の駅

鉄道会社名	スタンプのあった場所

CHECK POINT!

年　月　日（ ）

LIKE! ☆☆☆☆☆

94

駅名 ☐ 新幹線の駅

鉄道会社名

スタンプのあった場所

CHECK POINT!

95

LIKE! ☆☆☆☆☆

年　月　日（　）

駅名 ☐ 新幹線の駅

鉄道会社名

スタンプのあった場所

CHECK POINT!

年 月 日( )

LIKE! ☆☆☆☆☆

96

駅名		☐ 新幹線の駅

鉄道会社名	スタンプの あった場所

CHECK POINT!

年　月　日（　）

LIKE! ☆☆☆☆☆

| 駅名 | □ 新幹線の駅 |

| 鉄道会社名 | | スタンプの あった場所 | |

CHECK POINT!

年　月　日（　）

LIKE! ☆☆☆☆☆

駅名	□ 新幹線の駅

鉄道会社名	スタンプの あった場所

CHECK POINT!

あと1コ!
99

LIKE! ☆☆☆☆☆

年　月　日（　）

| 駅名 | □ 新幹線の駅 |

| 鉄道会社名 | | スタンプのあった場所 | |

CHECK POINT!

年 月 日（ ）

LIKE! ☆☆☆☆☆

駅名		□新幹線の駅

鉄道会社名		スタンプの あった場所	

CHECK POINT!

全国駅名もの知りコラム Part ①

「日本一●●な駅」を集めたよ。
君の家に一番近いのはどこの駅かな

京都駅の0番線は
日本一長いホーム！
558mもあるんや★

川勝 萌
雄太のいとこで鉄道初心者。KTT（関西・トレイン・チーム）のメンバーで、京都に住む。特技はツッコミ

JR全線で日本一 高地 にある 野辺山駅
長野県南佐久郡にある、JR日本・小海線の駅
標高は約1,345メートル。
「空に一番近い駅」と言われる▶

日本一 西 にある駅 那覇空港駅
沖縄県那覇市にある、沖縄都市モノレール線（ゆいレール）の駅

日本一 南 にある駅 赤嶺駅
沖縄県那覇市にある、沖縄都市モノレール線（ゆいレール）の駅。那覇空港駅の隣

その他の日本一の駅
日本一西にある普通鉄道（モノレールやケーブルカーなどをのぞく、一般的な鉄道）の駅……たびら平戸口駅（松浦鉄道・西九州線）、日本一南にある普通鉄道の駅……西大山駅（JR九州・指宿枕崎線）、日本一乗降客数が多い駅……新宿駅（JR東日本）、など。

日本一北にある駅
稚内駅
北海道稚内市にある、
JR北海道・宗谷本線の駅
駅舎と日本最北端のモニュメント▶

日本一東にある駅
東根室駅
北海道根室市にある、JR
北海道・根室本線の駅

日本一地下深くにホームのある駅
土合駅
群馬県利根郡にある、
JR東日本・上越線の駅
下りホームが地下約70mにある▶

地上で日本一低い場所にある駅
弥富駅
海抜−0.93mに建つ、JR東海と名古屋鉄道の駅（愛知県弥富市）
※隣の近鉄弥富駅のほうが低いという説も。

夢は大きく全駅制覇だっ！

高橋雄太
頼れる乗り鉄のT3（トレイン・トラベル・チーム）のリーダー。
最寄駅は神奈川県の橋本

全国駅名もの知りコラム Part❷

① おおぼけ⇔こぼけ
大歩危⇔小歩危 | 徳島県三好市

JR四国・土讃線の駅。付近の大歩危渓谷、小歩危渓谷にちなんだ駅名。

上田メモ：連続ワザで一本！周辺には妖怪伝説が多く残ってて、こなきじじい発祥の地とも言われてるそうや……！

② なんじゃい
南蛇井 | 群馬県富岡市

上信電鉄・上信線の駅。周囲の地名にちなんだ由来。アイヌ語が語源という説も。

上田メモ：見たら絶対『なんなんじゃ〜い!?』と叫びたくなるな！古い木造のこじんまりとした駅や

③ おかしない
笑内 | 秋田県北秋田市

秋田内陸縦貫鉄道・秋田内陸線の駅。「オカシナイ」はアイヌ語で「川下に小屋のある川」という意味の地名。

上田メモ：渋〜い無人駅やで。ちなみに、山形県には、『面白山公園』って駅もある！

爆笑！ おもしろ駅名

ユニーク駅名ファンのみんなおまたせ！

インパクト大！の駅名&駅舎が大集合♪

上田 凛
私鉄が大好きなKTTのリーダー。心優しいボケ担当。大阪在住

④ はげ&ましけ
半家 | 高知県四万十市
増毛 | 北海道増毛郡

増毛はJR北海道・留萌本線、半家はJR四国・予土線の駅。どちらも付近の地名が駅名の由来。

上田メモ：衝撃のツルツル&ボーボー駅！お笑い好きなら大好物やろっ!?

⑤ にほんへそこうえん
日本へそ公園 | 兵庫県西脇市

JR西日本・加古川線の駅。周辺に「日本へそ公園」がある。

上田メモ：東経135度と北緯35度が交差する脇市は日本列島の中心と言われてて『日本のへそ』と呼ばれてんねんて

びっくり駅舎&ベスト5

4 JR北海道・釧路本線
北浜駅 北海道網走市

みさきメモ
駅の中に、事務室を改装した喫茶店があるんやと～!
コーヒーを飲みながらオホーツク海が眺められる駅だ

「ここに喫茶店」「元駅」

写真/小林大樹(RGG)

1 JR東日本・五能線
木造駅 青森県つがる市

付近の亀ヶ岡遺跡から発掘された『遮光器土偶』がモチーフや♪

「シャコちゃんビーム!」

みさきメモ
目を光らせることもできる

友達にも教えて一緒に笑おうや～☆

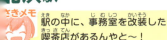

岡本みさき
KTTメンバー。元気ハツラツの録り鉄ガールで神戸出身

2 和歌山電鐵・貴志川線
貴志駅 和歌山県紀の川市

みさきメモ
駅長さんはなんと猫☆『ニタマ駅長』やって!

「ニャーン」

猫耳と目のついたかわいい駅舎

5 JR九州・久大本線
田主丸駅 福岡県久留米市

周辺にはカッパ伝説が。カッパの石造やミイラもあるらしい! ひょえ～

みさきメモ
「カッパを探しに遊びに来てね」

2階はカッパ資料館

写真/松本正敏(RGG)

3 北越急行ほくほく線
くびき駅 新潟県上越市

卵? 宇宙船!? 見れば見るほど不思議! 中はどうなっているんやろ?

みさきメモ
有名な建築家の毛綱毅曠さんが設計

写真/荒川好夫(RGG)

全国駅名もの知りコラム Part❸

超難問★ 駅&駅名

駅と駅名にまつわる難問・珍問出題！読めば駅博士になれること間違いなし

Q 日本で一番長い駅名は、なんというでしょう？

A 息つぎなしで言えたらスゴイ！

★ 正解は、熊本県阿蘇郡にある、「**南阿蘇水の生まれる里白水高原**」(14文字)で、読み方は「みなみあそ みずのうまれるさと はくすいこうげん」(22文字)。南阿蘇鉄道・高森線の駅で、湧き水の豊かな田園地帯なんだ。

★ ちなみに、2位は茨城県鹿嶋市の「**長者ヶ浜潮騒はまなす公園前**」(13文字)。鹿島臨海鉄道・大洗鹿島線の駅だよ。

★ さらに、反対に日本で一番短い駅名は、三重県津市にある「**津**」。JR東海、近畿日本鉄道、伊勢鉄道が乗り入れている、ターミナル駅だ。

Q 「西」という漢字がついた駅が4つも続く路線があります。どの都道府県にあるでしょう？

A 西、西、西、西の連続……!?

★ 旭川～富良野間を走るJR北海道・富良野線に、西御料、西瑞穂、西神楽、西聖和という駅がある。ということで、正解は**北海道**！

※✕は臨時駅

手ごわい問題ばかりですね！
的場大樹
データは完璧！時刻表鉄でＴ３の頭脳担当。クールだが、時に情熱的

答えは隠してやってみてね♪
今野七海
Ｔ３メンバーで将来の夢はアテンダント♪大金持ちのお嬢さまで、ちょっと天然

Q 次のうち、道路が通じておらず電車でしか行けない駅はどれ？

A 小幌(北海道虻田郡)　**B 女鹿**(山形県飽海郡)　**C 柳ケ浦**(大分県宇佐市)

A 「秘密っぽい駅」コレクション！

★正解は **A** の小幌（JR北海道・室蘭本線）。長いトンネルの間に挟まれているうえ、急な斜面や海に囲まれているため、電車以外で近づくことが難しい駅だ。停車する列車は1日6本。
★ちなみに、女鹿はJR東日本・羽越本線の駅で、こちらも1日の停車本数は6本のみ。柳ケ浦はＪＲ九州・日豊本線の駅で、日本で最も始発が早い駅。みんなが眠っている4時17分から列車が走り出すんだ。

Q 次のうち、学校の中にきっぷ売り場がある駅はどれ？

A 明大前(東京都世田谷区)　**B 中学校**(千葉県佐倉市)　**C 東海学園前**(熊本県熊本市)

A 学校の目の前にホームがある！

★ **A** の明大前は京王電鉄の京王線と井の頭線が交差する駅。徒歩約5分の場所に、明治大学（和泉キャンパス）がある。**B** の中学校はユーカリが丘線の駅で、徒歩約1分のところに、佐倉市立中学校があるよ。
★正解は、ＪＲ九州・豊肥本線内にある、**C** の**東海学園前**。きっぷ売り場が東海大学の敷地内にあるんだ。

全国駅名もの知りコラム Part④

探してみよう！あんな駅こんな駅

探偵ごっこ大好き♪

小笠原未来

T3メンバー。カメラ中の撮り鉄少女。特技サッカー！ 遅刻グセあ

こんなテーマで、駅を探しに行くのも楽しいぞ。
地図や時刻表、インターネットなどで調べてみよう！

調査テーマ①

特別な日にしか開かない 幻の駅 って……!?

必要な時だけオープンする「臨時駅」は全国に存在する

★季節のイベントやレジャー、お祭りなど、近くにたくさんの人がやってくる時に合わせてオープンするのが「臨時駅」。
★たとえば、JR東日本のガーラ湯沢（新潟県魚沼郡）は、スキー客でにぎわう、冬季のみの営業。
★JR四国・予讃線にある津島ノ宮（香川県三豊市）は、1年に2日しか開かない。津島ノ宮（津島神社）の夏祭りの時にだけ使われる、日本で最も営業日が少ない駅なんだ。

臨時の改札口やホには、原宿（東京都

調査テーマ③

君の苗字や名前と同じ駅 あるかな??

遠くても一生に一度は行ってみたい駅！

★日本全国に9000以上あると言われる鉄道の駅（JR、私鉄、地下鉄、その他を含む）。自分の名前と同じ駅や、似ている駅名があるか、探してみよう。

★たとえば、「森川さくら」。「桜」という駅が愛知県名古屋市と三重県四日市市にあり、能登さくら（石川県穴水町）、井川さくら（秋田県井川町）もある。さらには佐倉（千葉県佐倉市）という駅も。

調査テーマ②

列車がズラ〜リ集まる!!
魅惑の車両基地

好きな車両が見えたらラッキー!

車両基地とは、鉄道車両の保管や、整備、清掃、編成の組み換えなどを行う施設。多くの車両が出入りするから、電車好きには見どころのスポットだ。
たとえば、JR東日本の「尾久車両センター」は、宇都宮線の尾久（東京都北区）のホームから、名古屋鉄道の「新川検車区」は、名古屋本線の須ケ口（愛知県清須市）のホームからよく見える。

『電車で行こう! 特急ラピートで海をわたれ!!』には、新幹線がずらりと並ぶ「鳥飼車両基地」が出てくるよ

★定期的に見学会などを開いている車両基地もあるから、ホームページなどでチェックしてみよう。

レア駅発見!!
T3急行せよ!

『電車で行こう! 山手線で東京・鉄道スポット探検!』
わる二つの「臨時」スポットが登場

自分や家族と縁のありそうな駅名を見つけたら、出かけていって、駅名表示と一緒に記念撮影をするのもいいね。
きっと、とっても大切な鉄旅の思い出になるよ。

たとえば……

佐賀県を走る佐世保線に、僕と同じ苗字の駅がある!

「的場」は埼玉県。「大」のつく駅もたくさんあります

森川さくら
鉄道好きな現役アイドルだけどT3のメンバーに。博多の出身ばい☆

高橋雄太

的場大樹

Train Travel Team
トレイン・トラベル・チーム

認定証
名誉メンバー

名前 ＿＿＿＿＿＿＿＿＿＿

ニックネーム ＿＿＿＿＿＿＿＿

生年月日 ＿＿＿＿＿＿＿＿

星座 ＿＿＿＿　**血液型** ＿＿＿＿

最寄り駅 ＿＿＿＿＿＿＿＿

↑写真や似顔絵を貼ろう！

好きな BEST3
1. ＿＿＿＿＿＿
2. ＿＿＿＿＿＿
3. ＿＿＿＿＿＿

↑駅や路線など好きなもののBEST3を書こう

とくい技

将来の夢

君をTrain Travel Teamの名誉メンバーに認定します。これからも、駅や列車内でのマナーを守って、知恵と勇気で鉄道の旅を楽しもう！（ＴＴＴより）

集英社みらい文庫　スーパースタンプノート　電車で行こう！スペシャル版!!

監修　豊田巧　　絵　裕龍ながれ

✉ ファンレターのあて先
〒101-8050　東京都千代田区一ツ橋2-5-10　集英社みらい文庫編集部
いただいたお便りは編集部から先生におわたしいたします。

2016年6月29日　第1刷発行　　2020年10月12日　第2刷発行

発行者／北畠輝幸　発行所／株式会社 集英社　〒101-8050　東京都千代田区一ツ橋2-5-10
電話／編集部 03-3230-6246　読者係 03-3230-6080　販売部 03-3230-6393（書店専用）　http://miraibunko.jp
取材協力／JR東日本　　装丁／中島由佳理　　印刷・製本／凸版印刷株式会社
ISBN978-4-08-321324-3　C8226　N.D.C.913　111P　18cm
©Toyoda Takumi　Yuuryu Nagare　2016　Printed in Japan

定価はカバーに表示してあります。造本には十分注意しておりますが、乱丁、落丁（ページ順序の間違いや抜け落ち）の場合は、送料小社負担にてお取替えいたします。購入書店を明記の上、集英社読者係宛にお送りください。但し、古書店で購入したものについてはお取替えできません。
本書の一部、あるいは全部を無断で複写（コピー）、複製することは、法律で認められた場合を除き、著作権の侵害となります。また、業者など、読者本人以外による本書のデジタル化は、いかなる場合でも一切認められませんのでご注意ください。※文中の駅や鉄道に関する情報は2016年5月のものを参考にしています。